UDO HAAFKE

VERBORGENE *Schönheit* BERGISCHES LAND

Bilder zum Schwelgen und Träumen

Üppig blühende Obstbäume sind im späten Frühjahr keine Seltenheit auf den ungezählten Streuobstwiesen im Bergischen Land.

EINLEITUNG

Zwischen Ruhr und Sieg, zwischen Rhein und Sauerland erstreckt sich eine zauberhafte „bucklige Welt“, wie sie vor einem halben Jahrhundert in einem Wanderführer liebevoll beschrieben wurde. Das Bergische Land, dessen Bezeichnung sich aus der mittelalterlichen Regierungszeit des Grafengeschlechtes von Berg ableitet, steigt von Nordwesten diagonal in Richtung Südosten sanft, aber stetig an, um auf dem Aussichtsturm auf dem Unnenberg bei Gummersbach mit 528 Metern seinen höchsten Punkt zu erreichen. Dabei zeichnet die Landschaft ein hügeliger, von Wald und Feld geprägter Charakter aus, sie ist durchzogen von zahlreichen Bach- und Flussläufen, die sich teilweise auf abenteuerliche Weise ihren Weg in westliche Richtung durch liebliche Schluchten und Täler bahnen. Mithin bieten sich im Bergischen Land ideale Möglichkeiten für Wanderungen und unterschiedlichste Freizeitaktivitäten zwischen lebhaften kleinen Städten und Dörfern, in denen Fachwerk im Einklang mit dem Schwarz des Schiefers, weißen Fensterrahmen und grünen Fensterläden sowie Formen des Barock und Rokoko das Ortsbild prägt.

Geografisch umfasst das Bergische Land den Niederbergischen Kreis mit dem Neanderland, das Städtedreieck Solingen, Remscheid und Wuppertal, den Rheinisch-Bergischen Kreis sowie den Oberbergischen Kreis. Das Stammland der Talsperren versorgt die Städte an Rhein und Ruhr mit Trink- und Brauchwasser, ist die Wiege des Neandertalers und einer weltweit gerühmten Kleineisenindustrie, die sich an den Fließgewässern ansiedeln konnte. Das Klappern der Mühlräder und das Rauschen der Flüsse mag – neben der Schönheit der Landschaft – mit eine Ursache für die hohe Musikalität der Bevölkerung sein, die ihre Region als „Land der singenden und klingenden Berge“ sieht.

Wenn im späten Frühjahr der Raps in voller Blüte steht, verwandelt sich die sanft hügelige Landschaft rund um die Kreisstadt Mettmann und die umliegenden Gemeinden in einen zauberhaft duftenden, wogenden und farbenprächtigen Flickenteppich, den auch Bienen schätzen.

Auf eine bald 1.000-jährige Historie blickt das Wasserschloss Linnep im Ratinger Ortsteil Breitscheid zurück. Es befindet sich noch heute im Besitz des Grafengeschlechts von Spee. In aller Bescheidenheit liegen in der unmittelbaren Umgebung eine geschichtsträchtige kleine Waldkirche und der kleine romantische Reiterhof, der die Erinnerung an den einstigen landwirtschaftlichen Betrieb zu bewahren vermag.

Seit 2002 trägt Langenberg offiziell den Titel als Bücherstadt. Zahlreiche Antiquariate haben sich im malerischen Zentrum des Velberter Stadtteils angesiedelt, der mit seinen verschieferten Fachwerkhäusern zu den vielleicht schönsten und einheitlichsten bergischen Ensembles im Neanderland, der touristischen Marke des Kreises Mettmann, gehört.

Typisch Bergische Fassaden und rustikales Kopfsteinpflaster säumen den Mettmanner Kirchplatz, der alljährlich in der Vorweihnachtszeit zum Schauplatz des weithin populären „Blotschenmarktes“ wird. Dann herrscht rund um die St.-Lambertus-Kirche, deren Ursprünge bis ins 12. Jahrhundert zurückreichen, geschäftiges Treiben bei Glühweinduft und Pfefferkuchenaromen.

Der Düsselbach markiert an der Winkelsmühle die Gemeindegrenzen zwischen Erkrath und Mettmann. Schon 1483 verrichtete das hölzerne Rad der Wassermühle verlässlich seine wichtigen Dienste. Wanderer folgen dem Verlauf der Düssel, passieren das urzeitliche Wildgehege, bis sie das beeindruckende Neanderthal-Museum nahe der Fundstelle des berühmtesten Mettmanner Bürgers, des Neandertalers, erreichen.

Das Wasser der Anger füllt den Burggraben des mittelalterlichen Rittersitzes Haus zum Haus und umschmeichelt das herrschaftliche Gebäude, das in den 1980er-Jahren aus seinem Dornröschenschlaf erweckt wurde und wieder in alter Pracht und Schönheit erstrahlt. Nicht weit entfernt rühmt sich die Stadt Ratingen mit der Baumwollspinnerei Cromford als Wiege industrieller Fertigungsweisen auf dem Kontinent.

Besonders eindrucksvolle Romantik entwickelt Gruiten-Dorf durch die Leuchtkraft der Farben im Herbst, wenn sich die Gärten in prächtige, überbordende kolorierte Füllhörner verwandeln.

Das futuristisch anmutende Neanderthal-Museum an der Grenze zwischen Mettmann und Erkrath beschäftigt sich auf anschauliche Weise mit der Evolutionsgeschichte der Menschheit. Der eigentliche Fundort des Neandertalers selbst, der Steinbruch Feldhofer Grotte, in dem Arbeiter 1856 die sterblichen Überreste entdeckten, ist nur fragmentarisch erhalten. Anhand der Vermessungsstäbe erhält der Museumsbesucher zumindest eine grobe Vorstellung des geschichtsträchtigen Ortes.

Gruiten-Dorf verströmt und bewahrt mit seinen vielen kleinen Fachwerkhäusern links und rechts der Düssel ländlichen Charme in allerfeinster Ausprägung. Der zauberhafte Weiler gehört wie Gruiten zur Stadt Haan und lässt auf romantischen Spaziergängen den Alltagsstress vergessen. Auf den Wiesen am Düsselufer neben dem Haus Am Quall, dem ältesten Wohngebäude des Ortes, stellen die Dorfbewohner alljährlich ihren Maibaum auf.

Ein wenig im Schatten des Neanderthal-Museums stehend, bietet das Heimatmuseum am Kirchplatz in Mettmann Einblicke in die jüngere Geschichte des Ortes, als Handwerk und kleinere Gewerbe ihre große Blütezeit erlebten. Zudem sind Schrecken und Schicksale der Weltkriege dokumentiert.

ndwirtschaft

Noch immer gilt sie als Meisterwerk deutscher Ingenieurskunst, noch immer ist sie Deutschlands höchste Eisenbahnbrücke, schwingt sich doch ihr Rundbogen in 107 Metern Höhe über die gemächlich dahinfließende Wupper. Neben einem Besuch der Müngstener Brücke, dem stählernen, mehr als 120 Jahre alten Wahrzeichen des Bergischen Landes, lohnt aber auch eine Fahrt mit der einzigartigen, handbetriebenen Schwebefähre. 2006 nahm sie ihren Betrieb auf und befördert Spaziergänger an Stahlseilen über die Wupper.

In den vorbildlich renovierten Fachwerkhäusern des Wipperkotten am Ufer der Wupper verbirgt sich der einzige noch verbliebene historische Doppelkotten an den Gestaden des Flusses. Seine Besonderheit besteht in den beiden unterschlächtigen Mühlrädern, die sich leise knatternd vorwärts drehen. Der kleinere Vorderkotten beherbergt noch immer eine Schleiferei, die Besuchern während der warmen Jahreszeiten traditionelles und für die Region bedeutungsvolles Handwerk aus industrieller Gründerzeit präsentiert.

Wenn zartes Weiß die Bergische Landschaft in ein winterliches Wunderland verwandelt, locken zahlreiche Wanderwege zu erlebnisreichen Ausflügen in und durch die Pulverschnee-Pracht.

Von den Höhen über dem Tal der Wupper bieten sich einzigartige Ausblicke über das Rheintal und die sanft hügelige Bergische Welt, die der Schnee, der wie Zuckerguss darüberliegt, noch markanter moduliert.

Der Diederichstempel von 1896 war einst als Aussichtspunkt für die hochwohlgeborenen Herrschaften auf Schloss Burg gedacht. Vom Pavillon aus, der heute auch den einfachen Wanderer zur Rast einlädt, schweift der Blick hinüber zur Burg, die sich nahezu auf gleicher Höhe auf der anderen Seite des Tals befindet. Weiter unten schlängelt sich die Wupper malerisch im engen Bogen durch das nicht minder malerische Dörfchen Unterburg.

Die Dichtkunst von Hermann Löns vermochte stets ein besonderes Heimatgefühl zu erzeugen und besaß daher eine große Fangemeinde, die dem 1914 bei Reims gefallenen Literaten ob seiner Verdienste mancherorts ein Denkmal setzte. Auch oberhalb des idyllischen Wupperufers wurde ein solches unweit des Solinger Ortsteils Burg und des gleichnamigen Schlosses angelegt.

Holztruhe am Schlosstor

Zurück in mittelalterliche Zeiten versetzt die dörfliche Anlage rund um den Stammsitz der Grafen von Berg, dessen Restaurierung zu Beginn des 20. Jahrhunderts durchgeführt wurde. Insbesondere Bergische Gastronomie dominiert das Bild an Schloss Burg, das alljährlich Schauplatz vielfältiger kultureller Veranstaltungen ist. Eine bequeme Auffahrt ermöglicht seit 1952 eine Seilbahn, die erste ihrer Art in Nordrhein-Westfalen.

Als Inbegriff Bergischer Kulinarik gilt die Bergische Kaffeetafel, in deren Mitte üblicherweise eine „Dröppelmina“, eine charakteristische, einem Samowar ähnelnde Kaffeekanne, platziert wird. Süße Waffeln mit Sahne und heißen Kirschen gehören ebenso zum reichhaltigen Angebot wie kerniges Schwarzbrot, Pumpernickel und deftig Regionales.

Die lauschigen Weiler Unten- und Obenrüden liegen in einem sanft geschwungenen Bogen der Wupper unterhalb des Solinger Ortsteils. Das Idyll aus Streuobstwiesen und Schafzucht an der Stadtgrenze zu Leichlingen ist ein beliebtes Ausflugsziel.

Cronenberg, der südlichste Stadtteil Wuppertals, gehörte bis 1929 zur Bürgermeisterei des damaligen Kreises Mettmann. Mittels Straßenbahn war der Ort ab 1900 erreichbar und bildet heute den Endpunkt der kurzen Strecke der Museumsstraßenbahn, die sich vom Depot in Kohlfurth am Ufer der Wupper durch die Wälder des Kaltenbachtals hinauf nach Cronenberg windet.

Schloss Lüntenbeck im Wuppertaler Westen blickt auf eine ruhmreiche, über 800-jährige Vergangenheit als bedeutendes Rittergut zurück und, da die martialischen Zeiten längst vorbei sind, beherbergt es nun einige kleine Gewerbe- und Handwerksbetriebe. Alljährlich an zwei Wochenenden im Advent findet der Lüntenbecker Weihnachtsmarkt statt.

Wuppertal in seiner heutigen Form entstand 1929 aus den im Tal der Wupper gelegenen kreisfreien Städten Elberfeld und Barmen. Auch Cronenberg, Vohwinkel und Ronsdorf gehören seit dieser Zeit dazu. Der Name entstammt einer Abstimmung der Bürger aus dem Folgejahr und beschreibt die signifikante geografische Lage der Stadt. Manch architektonischer Schatz aus unterschiedlichen Stilepochen findet sich in den Straßen und Gassen der Stadtteile.

An der Wupperschleife des östlich von Wuppertal gelegenen Ortsteils Beyenburg präsentiert sich der Fluss als ein ebenso heimeliges wie beschauliches Bergisches Idyll, zwischen grünen Wiesen und ruhigen Wäldern, die es auf entspannten Spaziergängen und Wanderungen zu durchstreifen lohnt.

Auf einer Halbinsel in einer engen, teilweise aufgestauten Schleife der Wupper liegt der historische Residenzort Beyenburg, der vermutlich schon um 800 gegründet wurde. Der Fluss bildet hier den natürlichen Grenzverlauf zwischen dem Rheinland und Westfalen und war für lange Zeit die Grenze des Herzogtums Berg nach Preußen.

Alljährlich am letzten Sonntag im September findet im Wuppertaler Stadtteil Vohwinkel im Schatten der einzigartigen Schwebebahn der wohl größte Ein-Tages-Flohmarkt weltweit statt. Mehr als 300.000 Besucher machen sich hier auf die Suche nach dekorativen Schnäppchen und vielleicht auch verborgenen Schätzen.

Markant überragen die Kirchtürme das einheitliche Ensemble typisch Bergischer Häuser im Zentrum von Remscheid-Lennep. Internationale Berühmtheit erlangte das Städtchen durch seinen berühmtesten Sohn Conrad Röntgen, zu dessen Ehren und Andenken ein sehenswertes Museum eingerichtet wurde.

Texte an den Giebeln einiger Häuser bezeugen die tiefe soziale Verwurzelung der Menschen in Clemenshammer, einem Ortsteil von Remscheid, mit ihrer Region, die als Wiege der eisenverarbeitenden Industrie gilt.

Die Handwerkskünste des Schleifens und des Schmiedens lieferten die Grundlage für den industriellen Aufbruch in der Mitte des 18. Jahrhunderts an der Wupper und ihren Nebenflüssen. Der Steffenshammer im Remscheider Ortsteil Clemenshammer gehört mittlerweile dem Deutschen Werkzeugmuseum an und ist die letzte noch funktionsfähige Hammerschmiede in der Region.

Morgenstunde auf den Höhen über Engelskirchen, wo der Oberbergische Kreis seinem Image als waldreiche „bucklige Welt“ mehr als gerecht wird. In der Region um Engelskirchen wurde schon im späten Mittelalter Bergbau betrieben und hier nahm die Metallverarbeitung ihren Anfang. Friedrich Engels, Vater des gleichnamigen Philosophen und Historikers, der gemeinsam mit Karl Marx das „Kommunistische Manifest“ verfasste, begründete hier 1837 die erste Textilfabrik nach englischem Vorbild.

Der „Bergische Dom“ zu Altenberg am Ufer der Dhünn feiert 2033 seinen 900. Geburtstag. Ursprünglich als Kirche eines Zisterzienserklosters angelegt, versinnbildlicht der Sakralbau heute perfekt den ökumenischen Gedanken, dient er doch sowohl als evangelische wie katholische Pfarrkirche.

Nicht nur die Architektur im Innern des Altenberger Doms, auch die zahlreichen vorhandenen Reliquien und vor allem das mächtige gotische Buntglasfenster an der westlichen Fassade beeindrucken, das in seiner vielschichtigen Komplexität das „Neue Jerusalem“ darstellt.

In den kleinen Gassen im Schatten des imposanten Böhm'schen Bensberger Rathauses, in dessen nicht unumstrittene Betonarchitektur einige Teile der früheren Burg Bensberg integriert wurden, findet sich so manch liebevoll gepflegtes Kleinod.

Das Bergische Museum für Bergbau, Handwerk und Gewerbe in Bensberg beschäftigt sich mit der Anfangszeit des Erzbergbaus, der Heimatgeschichte der Region sowie dem dörflichen Leben, vornehmlich während des 19. Jahrhunderts.

Aus dem ehemaligen Rittergut Varresbeck bei Kürten entstand im Umfeld eines historischen Fachwerkhauses aus dem 18. Jahrhundert ein kleines Freilichtmuseum, das heute als Hotel und Tagungszentrum genutzt wird. Geschichtsträchtige Bauwerke aus der Region, die dem Abriss zum Opfer zu fallen drohten, wurden hier sorgfältig zu einem gefälligen Ensemble aufgebaut und ihrer neuen Nutzung zugeführt.

Die Sülz durchfließt
den Rösrather Stadtteil
Hoffnungsthal, der seinen
Namen dem Hammerwerk
Hoffnungsthal verdankt.
Die Hammerschmiede war
Ende des 19. Jahrhunderts
ausschlaggebend für den
wirtschaftlichen Aufschwung
des strukturschwachen
Gebietes, insbesondere des
Dorfes Volberg. Während das
Ostufer mit der industriellen
Fertigungsanlage sofort
die neue Bezeichnung
übernahm, folgte der am
Westufer gelegene Teil des
Ortes erst wesentlich später.

Das Herrenhaus des Schlosses Eulenbroich entstand erst Mitte des 18. Jahrhunderts, wohingegen die ursprünglich als Wasserburg errichtete Anlage bereits auf das späte Mittelalter zurückgeht. Aus dem barocken Adelssitz, der über viele Jahre auch Bürgermeisterei war, wurde um 1910 eine herrschaftliche Villa. Diese dient heute als Veranstaltungsort für diverse kulturelle Events und Seminare sowie als Standesamt. Der Gewölbekeller beheimatet zudem eine Zauberschule.

Stolz überragen die beiden Türme der Wallfahrtskirche St. Mariä Heimsuchung die zu Overath gehörende 2.500-Seelen-Gemeinde Marialinden und erinnern in ihrer Anmutung ein wenig an ein markantes, in Köln beheimatetes Gotteshaus. Die Marienwallfahrt hat höchsten Stellenwert und so ziert auch ein Marienbrunnen den Vorplatz der Kirche.

Wenn sich das Jahr dem Ende entgegenneigt und die Tage wieder kürzer werden, beginnt in Engelskirchen die turbulenteste Zeit. Denn wer ein entzückendes Himmelswesen im Namen trägt, der hat auch beste Verbindungen zu Christkind und Weihnachtsmann. So trudeln bereits im Herbst die ersten Wunschzettel in den Briefkasten des eigens eingerichteten Christkind-Postamtes ein. Und in der Adventszeit lädt das Christkind persönlich die lieben Kleinen zur Audienz.

Als stumme Zeugen großer Tradition im Erzbergbau stehen am Lüderich zwischen Rösrath und Overath noch zwei stählerne Fördertürme. Der eine weithin sichtbar, mittlerweile umgeben von einem großen Golfplatz, der andere, der Förderturm des Franziska-Schachtes, etwas versteckt im weitläufigen Waldgebiet, das seine ausgehöhlte Unterwelt bestens kaschiert.

Der Esel ist das augenzwinkernde Markenzeichen der Gemeinde Bechen. Das Grautier kam zu dieser Ehre, weil die Bauern des Ortes es zum Transport ihrer Waren auf den Markt nach Köln nutzten, die Vierbeiner jedoch gerne einmal bockten und so stets für Verspätungen sorgten. Die Kölner sprachen dann von den „Bechener Eseln“, die nicht rechtzeitig vor Ort waren. Im entspannten, gut 3.000 Einwohner starken Städtchen finden sich moderne Fachwerkhäuser, die den traditionellen Baustil auf eindrucksvolle Weise zu imitieren vermögen.

352
P.SCH.u.E.G. ANNO 1914.
20•C+M+B+15

Auf ihrem Weg in die große Stadt durchquerten die Bechener Bauern und ihre vierbeinigen Helfer die hügelige Landschaft links und rechts der Dhünn. Sie dürften dabei jedoch wenig Blick für deren romantische Schönheit gehabt haben, sondern waren eher in Sorge, ob sie rechtzeitig auf dem Kölner Markt eintreffen.

Die historische Papiermühle und das heutige Papiermuseum Alte Dombach im Tal der Strunde östlich von Bergisch Gladbach begründete zu Beginn des 17. Jahrhunderts die aufkeimende Papierindustrie, die eng mit dem Namen der Dynastie Zanders verbunden war. In den ehemaligen Fertigungshallen steht noch eine der ersten Maschinen von 1889, als man Papier nicht mehr von Hand schöpfen musste.

In der Hofanlage der Papiermühle grüßt ein Standbild des Firmengründers Hendrich Fues. Das Museum in den alten Wohnhäusern, die direkt dem klappernden hölzernen Mühlrad angeschlossen sind, bietet einen ausgezeichneten Einblick in die Tradition der Papierherstellung und deren große Bedeutung für die Region. Im Juni lockt jedes Jahr ein illustres Papierfest, im September ein lebhafter Papiermarkt.

Kurfürst Jan Wellem ließ sich im Jahr 1711 hoch über Bensberg ein repräsentatives, herrschaftliches Jagdschloss im Stil des Barock errichten. Baumeister war der Italiener Matteo d'Alberti, viele Künstler ihrer Zeit sorgten für die passsende Innenausstattung. Doch der Kurfürst verstarb und konnte die Fertigstellung des Prachtbaus, angelehnt an Schloss Schönbrunn, nicht mehr erleben. Nach einer wechselvollen Geschichte wurde das Gebäude in einen luxuriösen Hotelbetrieb umgewidmet.

Bis in die Mitte des 13. Jahrhunderts reicht die Geschichte der ursprünglich als Wasserburg angelegten Burg Zweiffel zurück. Ein kleiner Teich zeugt noch von dieser Zeit, während das heute in Privateigentum befindliche, leuchtend gelb getünchte Gebäude um 1600 errichtet wurde.

Oberhalb der Strunde östlich von Bergisch Gladbach breitet sich eine sanft gewellte, von fruchtbaren Wiesen, Weiden und großen Waldgebieten geprägte Landschaft aus. Dazwischen befinden sich immer wieder kleine, verträumte Dörfer und Weiler, in denen die Zeit etwas langsamer zu vergehen scheint.

In nahezu wilder Romantik fließt der Eifgenbach auf 20 Kilometern durch die Wälder zwischen Wermelskirchen und Burscheid, bis er sich bei Odenthal mit der Dhünn vereinigt. Auf seinem Weg passiert er einige frühe Relikte der Bergischen Eisenindustrie aus dem 17. und 18. Jahrhundert in Form von oft üppig mit Moos bewachsenen Mauerresten alter Wassermühlen.

Die Aggertalsperre nördlich von Gummersbach trägt mit ihren kraftvollen Turbinen in der im Westen des riesigen Sees gelegenen Staumauer zu einem bedeutenden Teil der Energieversorgung im Oberbergischen Kreis bei.

Der einstige Ruhm des Seriensiegers im deutschen Handballsport, des VfL Gummersbach, ist lange verblasst. Die Stadt erfindet sich im 21. Jahrhundert mit großen städtebaulichen Veränderungen neu, ohne dabei ihre Bergischen Wurzeln bedingungslos aufzugeben.

Cartoons und Comic-Strips des späten Mittelalters zieren die Gewölbedecken einiger Kirchen im Oberbergischen, die als „Bonte Kerken“ überregional bekannt und unbedingt sehenswert sind. Im zu Bergneustadt gehörenden Dörfchen Wiedenest schreckten die Freskenmaler auch vor teuflischen Darstellungen nicht zurück.

Im historischen Oberdorf von Bergneustadt dominieren Kopfsteinpflaster, Fachwerk und Schiefer das Ortsbild. Viele Häuser stehen frei und sind umgeben von lauschigen kleinen Gärten. Von der alten Stadtmauer sind nur noch Fragmente erhalten. Eines davon findet sich im Gewölbekeller des Heimatmuseums, das auch eine interessante Sammlung von Feuerwehrhelmen besitzt.

„Minchen“ und „Jettchen“ sind die schwatzhaften Charakterfiguren Bergneustadts. Die Waschweiber, die auf authentische Vorbilder zurückgehen sollen, stehen auf der Spitze des Losemundbrunnens mitten in der Altstadt. Die jährlich wiederkehrenden Feiern zum Stadtgeburtstag nehmen just hier ihren Ausgang.

Die Pfarrkirche St. Mariä Himmelfahrt gehört zu den drei markanten Gotteshäusern in der Altstadt von Hückeswagen. Sie ist mit knapp 140 Jahren noch recht jung, dafür jedoch das größte katholische Gotteshaus des Bergischen Landes. Die großflächige Fenstergestaltung in der Rückwand der Empore trägt den Namen „Schöpfung" und wurde vom Glaskünstler Hubert Schaffmeister in den 1970er-Jahren geschaffen.

Der Aufstieg zum Aussichtsturm auf der Hohen Hardt bei Morsbach gleicht dem Eintauchen in eine märchenhaft verwunschene Welt, in der es von Elfen, Feen und Zwergen nur so wimmelt.

Erst 1973 durfte sich die Stadt Nümbrecht über die Anerkennung als Luftkurort freuen, 14 Jahre später erhielt sie das staatliche Label als heilklimatischer Kurort, was sich wie ein Ritterschlag für die gute Luft im Bergischen Land anfühlte. Der liebliche Teich vor dem Kurpark stellt die Verbindung zwischen Kurhaus und dem Ortskern Nümbrechts dar.

Erstmals 1276 erwähnt, befand sich auf der Burg Homburg der Sitz des Grafengeschlechts zu Sayn, das sich einer reichsfreien Herrschaft rühmte. Mitte des 17. Jahrhunderts erfolgte der Umbau im Stil des Barock. Heute residiert das Oberbergische Museum auf dem Schloss, das zudem Schauplatz zahlloser kultureller Veranstaltungen ist und als eines der markanten Wahrzeichen im Bergischen Land gilt.

Der Naturerlebnispark Panarbora auf dem ehemaligen Kasernengelände im Südwesten des Städtchens Waldbröl besitzt mit dem modernen hölzernen Aussichtsturm des Baumwipfelpfades ein zeitgenössisches Symbol für das Bergische Land. Nach einem Spaziergang durch die ungewohnte Höhenlage mitten im Wald und dem Aufstieg in 40 Metern Höhe genießt man im Grünen den Anblick gewohnter und geliebter Bergischer Tradition.

Die Burg Neuenberg nördlich von Frielingsdorf gehörte einst zu den zahlreichen Besitztümern der Grafen von Berg. Geschleift im 17. Jahrhundert, bemächtigte sich die Natur den übrig gebliebenen Mauerfragmenten und verlieh ihnen ihre eigentümliche Mystik.

Eine ungewöhnliche Landschaftsformation begegnet dem Wanderer auf den Höhen östlich von Reichshof im Grenzgebiet zum Sauerland. Mitten im Wald liegt das Branscheider Wacholdergebiet mit grotesk geformten, beinahe dämonisch erscheinenden Nadelgehölzen. 1940 unter Schutz gestellt, besticht es jedes Jahr im August mit einer erstaunlichen Farbenpracht. Schafe und Ziegen übernehmen sporadisch die natürliche Gehölzpflege.

Über die Jahrhunderte rückte das Dorf Denklingen immer näher an den Graben der gleichnamigen Wasserburg heran. Die Geschichte des historischen Adelssitzes reicht zurück bis 1413. Denklingen selbst gehört zu dem aus insgesamt 106 Ortschaften bestehenden Gemeindekonvolut Reichshof. Eckenhagen, zweitgrößter Ort der Gemeinde, erhielt 1991 den Status eines anerkannten heilklimatischen Kurortes.

Grobe Pflastersteine markieren den Verlauf einer Furt, die nicht nur namensgebend für die Stadt Wipperfürth war, sondern gleichzeitig den Übergang vom Quellfluss Wipper zur Wupper darstellt.

Auch die Bergische Tuchindustrie hat ihre Wurzeln am Ufer der Wupper. Im nördlich von Radevormwald gelegenen Ortsteil Dahlerau bilden die ehemaligen Fabrikanlagen den authentischen Standort des Wülfing-Museums, das sich ausgiebig mit der Herstellung von Stoffen in der Region beschäftigt. Die Wupper hat hier in kräftigen Mäandern eine tiefe Schlucht in die Landschaft gegraben.

Im waldreichen Idyll links und rechts des Schnörringer Baches liegt die zu Waldbröl gehörende Ortschaft Vierbuchermühle. Ehedem im Besitz der Grafen von Homburg ist der wirtschaftliche Nutzen der Mühlen zwischenzeitlich einem rein folkloristischen Charakter gewichen.

Einen ausgesprochen repräsentativen Verwaltungssitz nennen viele Beamte der Hückeswagener Stadtverwaltung ihr Eigen, denn Bereiche des städtischen Rathauses sind im Schloss in der Altstadt untergebracht. Dessen Ursprung geht auf die Mitte des 12. Jahrhunderts zurück, im 19. Jahrhundert erhielt es sein heutiges Aussehen. In der Schlosskirche im ältesten Teil des Gebäudes befindet sich ein lokalhistorisches Museum.

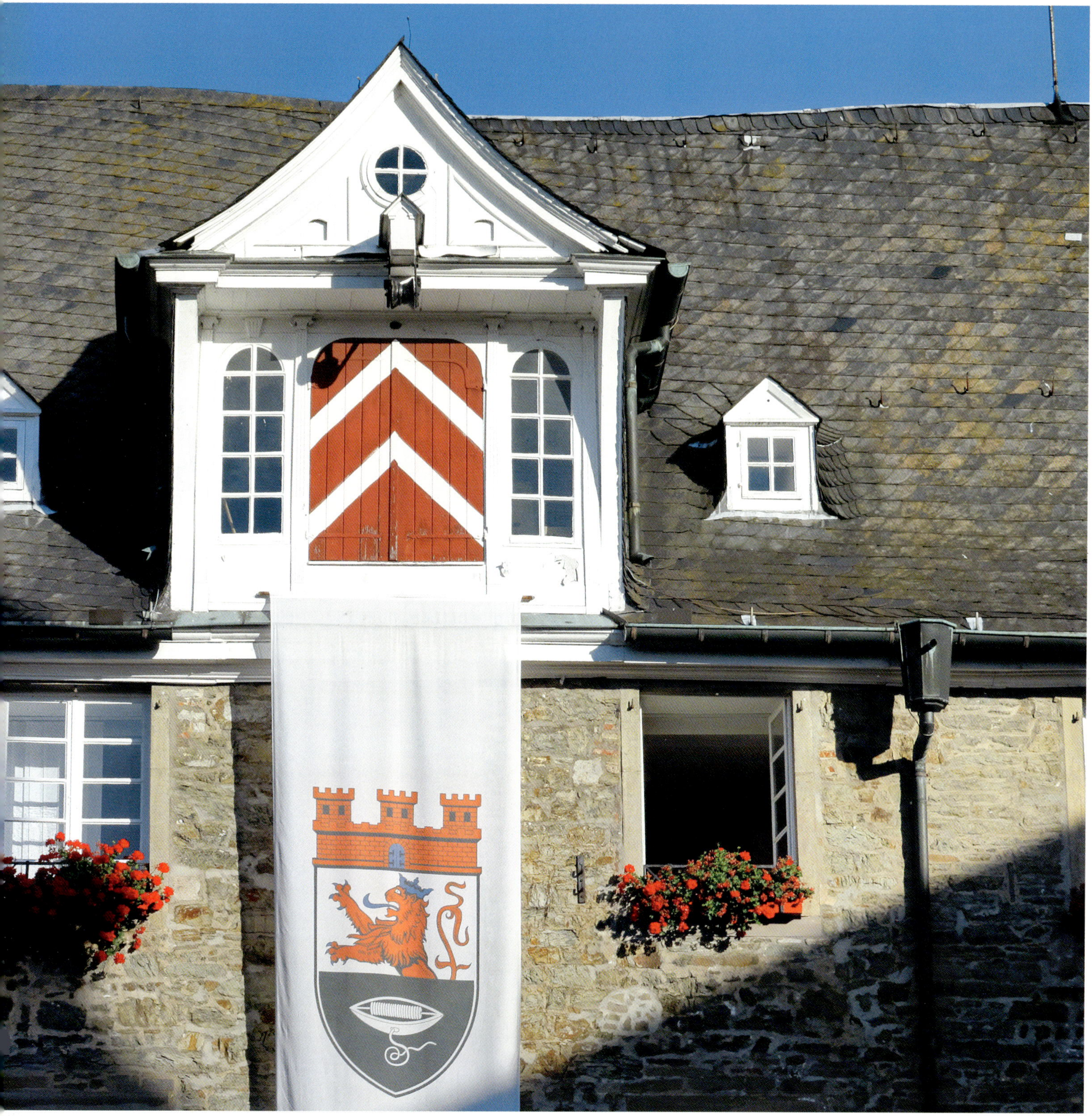

Der Teich des Gimmerbaches vor Schloss Gimborn zwischen Marienheide und Gummersbach bildet das malerisch-romantische Umfeld des Wasserschlosses, dessen Historie im Jahr 1273 begann. In Haus und Park finden unterschiedlichste Veranstaltungen, Konferenzen und Seminare statt. Die ehemaligen Wohngebäude für das Gesinde des Adelshauses genießen indes eine entspannte Ruhe.

Das wahrscheinlich älteste, noch existierende Bauernhaus im Oberbergischen ist das Haus Dahl nahe Marienheide. Erbaut um 1585, ähnelt es dem Stil eines aus Norddeutschland bekannten Haubargs, in dem Mensch und Tier unter einem Dach lebten. Das Heimatmuseum im Innern erzählt von den Traditionen bäuerlichen Lebens.

Zu Ehren des 1944 verstorbenen, umtriebigen Kommunalpolitikers Heinrich Halberstadt wurde auf der kleinen Brücke über den Morsbach ein bronzenes Denkmal errichtet. Die Kugel zu seinen Füßen ist drehbar und symbolisiert seinen aktiven Einsatz.